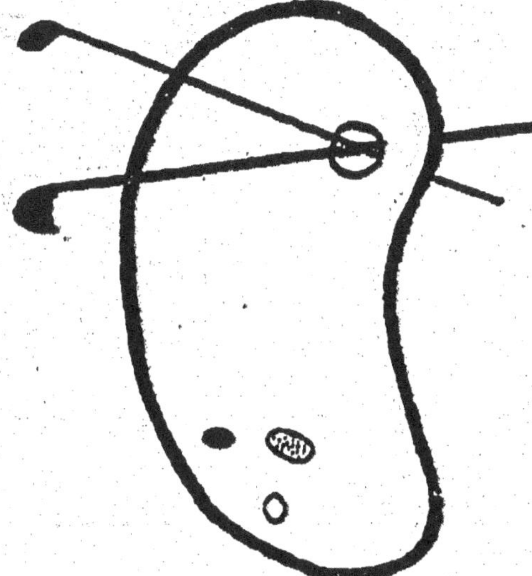

L'Armoria

Général

de France

L'Armorial

Général

de France

Il a été tiré de cette édition cent exemplaires sur papier du Japon, au prix de 5 francs l'exemplaire.

L'ARMORIAL

GÉNÉRAL

DE FRANCE

NOTICE HISTORIQUE

SUR

L'ORIGINE DES ARMOIRIES BOURGEOISES

et sur l'Édit fiscal de 1696

PAR

LE Cte HALLEZ D'ARROS

Membre du Conseil héraldique de France

PARIS

E. FLAMMARION, ÉDITEUR

26, RUE RACINE, 26

1891

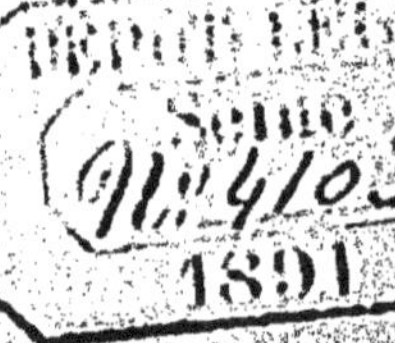

Vignettes et Illustrations par R. Barabandy

 EU de questions historiques ont donné lieu à plus d'études, de travaux savants, de recherches et de controverses que celle de *l'origine des armoiries.*

Beaucoup d'historiens la font remonter aux temps les plus reculés : aux fils de Noë, aux douze tribus d'Israël, aux temps héroïques des légendes du paganisme, à l'époque de la conquête de la Toison d'Or; d'autres s'efforcent de prouver que Pygmalion fut le premier héraldiste, qu'Alexandre-le-Grand réglementa l'usage des armoiries, que dès le siècle d'Auguste le blason se composait déjà des symboles et des signes employés au moyen-âge.

Quoiqu'il en soit de toutes ces hypothèses, plus ou moins intéressantes en notre siècle de positivisme, il est évident que l'utilité des signes distinctifs s'est imposée de tous temps aux hommes, tout comme les noms et les costumes.

N'est-il pas d'ailleurs logique de penser que, dans les temps reculés où la supériorité des hommes ne se révélait que sur les champs de bataille, le blason qu'ils portaient fièrement au combat fût aussi justifié qu'aujourd'hui les marques de fabrique dont les industriels décorent leurs produits?

Pour les uns comme pour les autres, c'est par la bonne marque qu'on reconnaît la bonne maison!

Que cette banale comparaison nous suffise pour répondre, par un argument tout contemporain, aux beaux esprits qui taxent de stérile vanité le légitime orgueil de ceux qui portent héréditairement des noms et des armes de la vieille aristocratie.

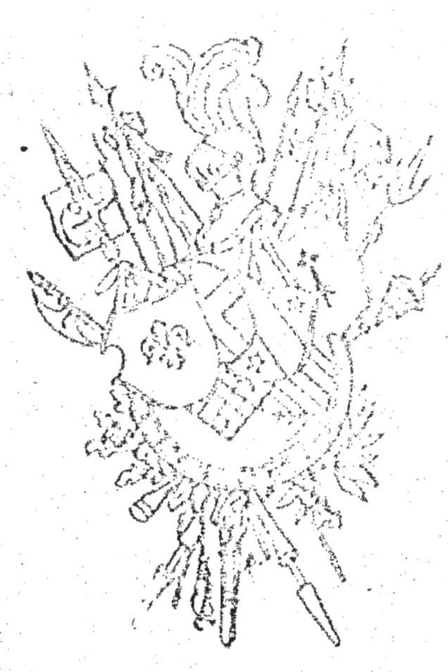

Quant à l'époque précise où l'on peut faire remonter l'usage des armoiries, leur transmission héréditaire, et les premières règles qui servirent de base à *l'art héraldique*, les historiens sont unanimes à la fixer au temps où commencèrent les tournois, c'est-à-dire vers le milieu du dixième siècle, près d'un siècle avant la première croisade.

Avant d'entrer en lice, les chevaliers devaient

faire annoncer par des héraults d'armes leurs droits au combat, et les couleurs ou emblêmes sous lesquels

ils devraient se présenter, bardés de fer et la lance au poing.

Tels aujourd'hui, sur les champs de course, qui ont remplacé les lices, les propriétaires de chevaux, pour les luttes moins périlleuses du *turf*, font porter leurs couleurs... par des jockeys !

Autres temps, autres mœurs ! mais que de ressemblances dans les analogies : au son du cor qui annonçait l'entrée des combattants (1), on a substitué le coup de cloche qui ouvre aux chevaux les portes du pesage ; les héraults d'armes s'appellent aujourd'hui « boockmakers », et la cote a remplacé la fleur que remettait aux vainqueurs la noble dame des tournois d'antan !

---

(1) On sait que l'étymologie du mot blason est attribuée au verbe teuton *blasen*, qui veut dire : sonner du cor.

Représentant originairement des morceaux d'étoffes de couleurs différentes, rangés avec des dispositions variées, les plus anciennes armoiries présentèrent une extrême simplicité : elles se réduisent à des répartitons de l'écu, telles que l'écartelé, les bandes, les barres, le coupé, le tranché, la fasce, l'échiqueté, le lozangé, etc.

À ces premières dispositions vinrent d'abord s'ajouter l'emploi, en armoiries, des différents objets qui composaient la barrière de la lice, tels que les chevrons, les pals, les frettés, etc.; puis la représentation des astres, des animaux, des lions, des oiseaux, des dragons, etc.

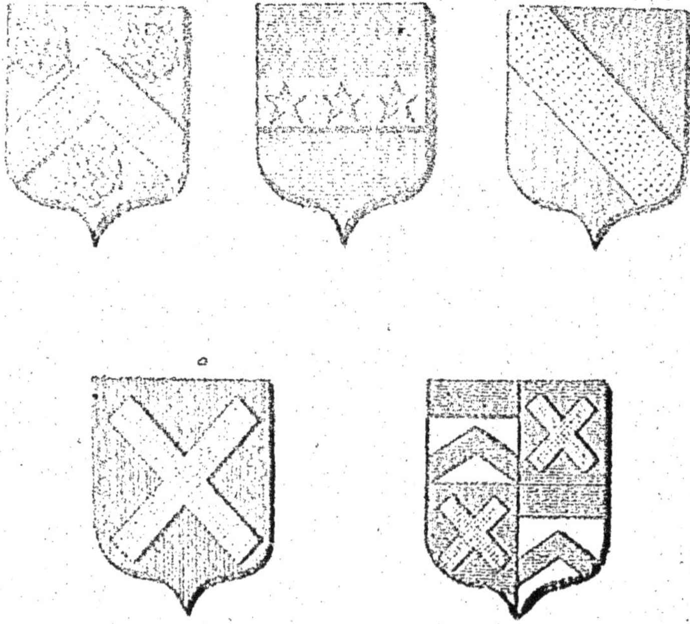

On doit attribuer aux premières croisades la géné-
ralisation de la coutume de se distinguer par des
figures et des couleurs particulières. Les croisés
durent prendre, en effet, des écus et des blasons par
nécessité, pour se reconnaître sous la bannière de
leurs chefs respectifs ; c'est alors que sur les armes
simples, en usage dans les tournois, vinrent se pla-
cer les croix de toutes sortes si variées en blason.

Très rares sont aujourd'hui les familles qui peuvent revendiquer, avec preuves et documents, une
si antique origine de leurs blasons. Mais à la suite
des croisades, et pendant toute la durée du moyen-
âge, l'usage des armoiries se généralisa tellement
qu'il devint inhérent à la qualification des nobles.

Les uns choisirent eux mêmes les emblèmes et les
couleurs de leurs écus, et furent inspirés dans ce
choix par des assimilations de noms et d'étymologies

qui engendrèrent les *armes parlantes*; (1) d'autres reçurent leurs blasons de leurs seigneurs feudataires ou de leurs souverains, en commémoration de services rendus et d'actions d'éclat. (2)

On comprend facilement que le prix qu'on attacha au droit de porter héréditairement ces signes distinctifs, d'une origine si honorable, nécessita l'établissement de règles destinées à confirmer leur authenticité, et des mesures administratives et de contrôle, pour empêcher les usurpations; l'ensemble de ces règles constitua la *science héraldique*, et le pouvoir souverain dut édicter les nombreux édits et ordonnances qui consacrèrent le droit au port des armoiries.

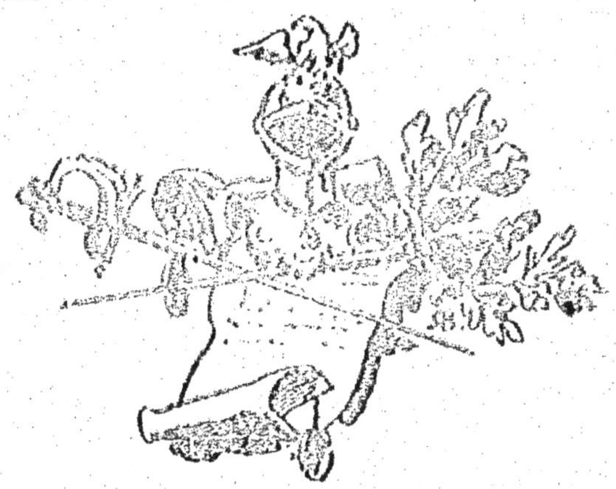

---

(1) Tels les Sires de Mun, qui adoptèrent un monde d'argent, *mundus*, cintré et croisé d'or, en champ d'azur; les Sires d'Arpajon, une *harpe* d'or sur champ de gueules; les Billy, de Lorraine, des *billettes*; les Chabots, des *chabots*; les Cassellanne et les Viel-Castel, un *Castel*; etc.

(2) Ainsi que, par exemple, Jean le Blanc, qui de simple gendarme dans la compagnie du connétable de Lesdiguières, devint capitaine de ses gardes, fut anobli en 1602, et reçut pour armoiries un *semé de piques d'or en champ d'azur*, avec cette belle devise: « l'honneur guide ses pas ».

C'est Philippe-Auguste qui créa le premier *Roi d'armes de France*, dont les fonctions furent de tenir, sous l'inspection et la surintendance des connétables et des maréchaux de France, les registres de toutes les familles, de leurs armoiries blasonnées, et des noms, surnoms et qualités de quiconque avait droit d'en porter.

Dès cette époque les armoiries furent contrôlées et enregistrées, tout comme aujourd'hui les marques de fabrique doivent être contrôlées et enregistrées au Tribunal de Commerce; *le Roy d'armes*, qui occupait près du trône une des importantes charges de la cour, est remplacé par le commis greffier qui délivre les récépissés de dépôts, moyennant 7 fr. 40 centimes.

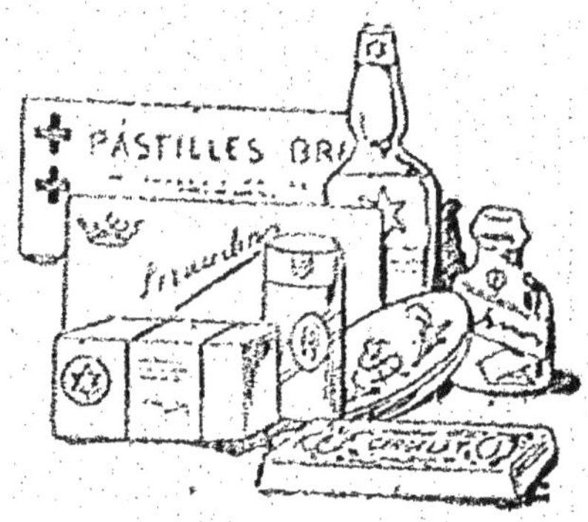

Mais, si l'on ne peut contester l'origine féodale des armoiries, ce serait une grave erreur de croire qu'elles restèrent un privilège exclusif de la noblesse.

> L'armoirie au premier âge
> Si précieuse on tenoit,
> Que nul n'en avait usage,
> N'estant noble de lignage,
> Si du Prince ne l'avoit.

A défaut de noblesse, il fallait en effet, l'agrément du Roi pour porter des armoiries : c'était un privilège réservé aux gens et aux familles qui, de tout temps, à côté de la noblesse, pouvaient s'élever à de hautes situations sociales, occuper d'importants emplois.

La qualification générale de *roturiers* qu'on leur donnait, pour les distinguer des nobles et des anoblis, n'avait rien de déshonorant ; mais dans le langage usuel, cette expression prit un caractère désobligeant, et on y substitua, pour qualifier les non nobles, la dénomination de *bourgeois*, qui, primitivement, avait été réservée aux seuls habitants des villes qui jouissaient de certaines franchises municipales.

Or, si cette bourgeoisie ne pouvait s'attribuer les armoiries réservées, par leur origine même, à la seule chevalerie, on ne pouvait lui contester le droit d'avoir des emblèmes, des devises et des cachets particuliers dont les roturiers usaient sur les actes, à côté ou à défaut de leurs signatures, comme les nobles y apposaient le sceau de leurs armes.

De même que les noms patronymiques, ces signes et ces emblèmes devinrent héréditaires : ils formèrent donc pour les familles bourgeoises des marques distinctives d'autant plus assimilables à des armoiries, que ceux qui les adoptèrent se conformèrent toujours très scrupuleusement aux règles héraldiques.

Cette faculté devint souvent un droit reconnu. Dès la fin du quatorzième siècle, en effet, Charles V accorda aux bourgeois de Paris les privilèges de la noblesse ; ceux-ci se virent donc légalement autorisés à porter des armoiries, et, d'après ce précédent, les notables bourgeois des autres villes ne tardèrent point à en prendre pareillement (1).

---

(1) Il y a lieu d'ailleurs de remarquer ici que du XIIᵉ au XIVᵉ siècle, beaucoup de grands bourgeois, de « *bourgeois de lignage* », comme on les appelait, et qui composaient une véritable aristocratie dans la bourgeoisie, étaient d'origine noble, et qu'en s'agrégeant à la bourgeoisie, ils n'avaient pas renoncé à leurs armoiries de famille.

Mais bientôt les convoitises héraldiques de la petite bourgeoisie devaient dégénérer en abus, et c'est en vain que, pour les réprimer, Charles VIII créa, en 1487, un *maréchal d'armes*.

Plusieurs édits des rois Charles IX, Henri III et Henri IV, inspirés par les réclamations de la noblesse, furent impuissants à empêcher ceux qui n'y avaient aucun droit de s'arroger des armoiries de la plus haute fantaisie, et même, ce qui est plus grave, de timbrer leurs écus de casques et de couronnes(1).

____

(1) Il n'y a que le *heaume* ou *casque* qui fut, dans les attributs héraldiques, exclusivement réservé à la noblesse. Si l'on trouve des bourgeois, au XII⁰ et XIV⁰ siècle ayant sur leurs sceaux l'écu penché et haumé, c'est qu'ils étaient à la fois gentilshommes et agrégés à la bourgeoisie d'une ville, ou qu'ils étaient investis de quelques charges royales plus ou moins relevées les assimilant aux gentilshommes ayant primitivement occupé ces charges.

Quant aux *couronnes*, à partir de la fin du XVII⁰ siècle, elles n'ont plus eu de valeur réellement nobiliaire; les plus petits bourgeois en ont décoré leurs armoiries, et elles ne devinrent qu'un ornement sans rapport avec les titres qu'elles ont primitivement représentés.

Les protestations que provoquèrent ces abus ne pouvaient être efficaces que dans les cas d'usurpations, et c'est sur les remontrances de la noblesse sur ce point spécial que fut instituée par Louis XIII, en 1605, la charge de *juge d'armes* dont la mission eut principalement pour objet « *de poursuivre ceux qui s'attribuaient, sans droit, les armoiries des grandes maisons et des familles nobles.* »

Malgré ces efforts et ces mesures restrictives, la contagion des vanités héraldiques fit tant de progrès sous le règne de Louis XIV que son célèbre historiographe Saint-Simon dut avouer que « *si sur ce point on dut tout tolérer de son temps, les usurpateurs n'avaient d'autre peine que la raillerie publique!* »

C'est alors que le gouvernement du grand Roi eut la géniale conception de soumettre le droit au port des armoiries à des taxes qui eurent tout le caractère d'un impôt somptuaire, et de trouver dans la vanité humaine de précieuses ressources pour combler les déficits d'un budget obéré.

Tel fut le but du célèbre édit du mois d'août 1696, qui imposa l'enregistrement des armoiries de *toutes les personnes* — nobles ou non nobles, — qui prétendaient au droit de les porter.

Cette obligation s'étendait, — *avec taxe d'enregistrement*, objet principal de l'Edit, — non seulement à « tous les officiers de la maison royale et des maisons des princes et princesses du sang, à ceux de l'épée, de robe, de finance et des villes, aux ecclésiastiques et gens du clergé, aux bourgeois des villes franches et autres qui jouissaient, à cause de leurs charges, estats et emplois, de quelques exemptions et droits publics, » mais encore aux « domaines, provinces, bourgs, terres, compagnies, corps ou communautés. »

Injonction leur est faite à tous de présenter et faire enregistrer aux maîtrises établies à cet effet, les armoiries dont ils prétendent avoir le droit de jouir, « pour leur donner époque certaine, publicité et authenticité, » dans un délai déterminé, passé lequel « le Roy les en déclare déchus. »

L'édit fait plus : il autorise ceux des non nobles qui n'avaient point d'armoiries à s'en procurer :

« Et pour ne pas priver de cette marque d'honneur nos autres sujets qui possèdent des fiefs et terres nobles, les personnes de lettres et autres qui, par la noblesse de leur profession et de leur art, ou par leur mérite personnel, tiennent un rang d'honneur et de distinction dans nos estats et dans leurs corps, compagnies et communautés, et généralement tous ceux qui se seront signalés à nostre service dans nos armées, négociations et autres employs remarquables ; — voulons que les officiers de la grande maîtrise leur en puissent accorder lorsqu'ils en demanderont, eu esgard à leur estat, qualités et professions. »

Les termes de cette rédaction témoignent de la superbe habileté des législateurs de ce temps, pour étendre aussi loin que possible le vaste coup de filet fiscal qu'ils avaient eu la mission de jeter sur la gent contribuable.

Aucune situation sociale, si modeste qu'elle fût, ne pût échapper à la taxe d'enregistrement, et tous les sujets du Grand Roi, dans les villes et dans les campagnes, furent admis, à la seule condition de payer cette taxe, à faire enregistrer leurs blasons.

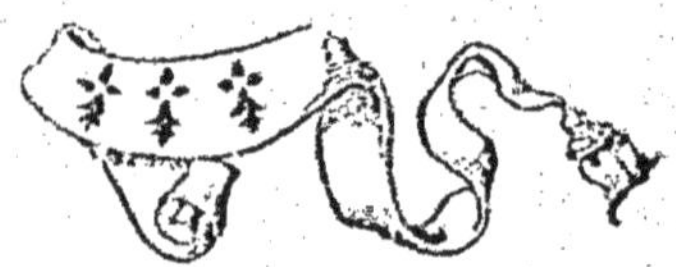

La partie la plus intéressante de l'Edit de 1696 arrive à la fin :

« In cauda venenum ! »

C'est le tarif d'enregistrement qui révèle le sens réel et les véritables motifs de cet acte législatif d'un intérêt purement fiscal : ce tarif, qui n'est que de 20 livres pour les simples particuliers, s'élève progressivement pour les corporations et communautés, et atteint jusqu'à 500 livres pour les grandes villes et les gouvernements des provinces.

Comme toutes les contributions et redevances qui se percevaient avant la Révolution, le prélèvement des taxes prescrites par l'édit de 1696 fut l'objet d'une entreprise dont le fermier concessionnaire, qui s'appelait Jean Vanier, devait avancer et supporter à ses risques et périls tous les frais.

Cet impôt sur la vanité produisit au fisc plus de sept millions de francs, déduction faite de tous frais et bénéfices accordés ou réservés aux officiers commis au recouvrement des taxes.

L'édit de 1696 règle le mécanisme administratif qui devait présider à ce vaste recensement; le roi créait « des officiers ayant caractère et pouvoirs suffisants pour faire que les armes des personnes, domaines, compagnies, corps ou communautés du Royaume, soient régistrées, peintes et blasonnées dans l'*Armorial général* établi dans sa bonne ville de Paris ».

A cet effet les armoiries devaient être présentées aux bureaux des maîtrises particulières de chaque généralité, qui les envoyaient, après vérification, à la grande maîtrise à laquelle il appartenait, après les avoir vérifiées à nouveau, de les enregistrer définitivement.

Ce grand recensement fiscal et héraldique, commencé en 1696, fut déclaré clos en 1709.

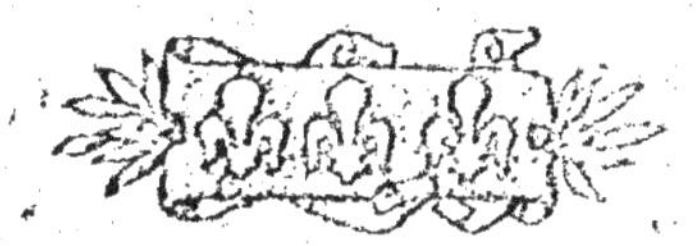

La garde de l'*Armorial général de France* fut confiée à Charles d'Hozier qui signait les brevets et les envoyait aux officiers des maîtrises, pour être par eux délivrés aux intéressés, contre quittance des taxes.

Ces brevets étaient expédiés sur un carré de parchemin, en haut duquel étaient peintes les armoiries du titulaire.

On retrouve encore dans les archives des familles, dans les bibliothèques publiques et chez les amateurs d'autographes et de documents historiques, un grand nombre de ces brevets, dont voici un fac-simile réduit :

Beaucoup de contribuables qui auraient eu droit à la délivrance de ce brevet, sur la production de leurs quittances des droits d'enregistrement, négli-gèrent de le réclamer; d'un autre côté, par suite des tourmentes révolutionnaires, il est relativement peu de familles, nobles ou bourgeoises, qui l'aient conservé.

Mais la souche n'en reste pas moins dans l'*Armorial général de France*, dont le manuscrit original, avec les signatures des officiers et commissaires des maîtrises, d'Adrien Vanier et de Charles d'Hozier, est conservé à la Bibliothèque nationale de la rue de Richelieu (1).

Il se compose de 34 gros volumes ou registres in-folio de texte, et de 35 volumes contenant les armoiries coloriées.

Il embrasse toute la France divisée par généralités ou intendances, et présente une liste d'environ *quatre-vingt mille noms de familles* d'origine essentiellement française, sans compter les provinces, villes, domaines, corporations et communautés; il comprend, à côté des plus grands noms, ceux d'humbles bourgeois et de modestes marchands.

Quoi de plus séduisant, en effet, que de se faire blasonner pour 20 livres, quand surtout on pouvait

---

(1) M. Olivier de Sorra, peintre céramiste du Conseil Héraldique de France, reproduit ces brevets sur des plaques de faïence émaillée, que leur inaltérabilité absolue garantit du sort généralement réservée aux originaux de d'Hozier.

Il se charge de faire rechercher dans les manuscrits de l'*Armorial Général*, les inscriptions intéressant les familles qui ont eu parmi leurs ascendants des contribuables de l'Édit de 1696, et de leur procurer des reproductions certifiées de leurs armoiries sur parchemin comme sur faïence.

Il suffit à cet effet d'adresser à M. O. de Sorra, 17, boulevard de la Madeleine, à défaut de la désignation personnelle des titulaires des brevets de 1696, au moins des indications aussi précises que possible sur la localité ou la province dont la famille est originaire.

s'exposer, en se servant d'armoiries non enregistrées, à payer une amende de 300 livres que pronon-
çait l'édit !

Tout le monde y passa, mais il demeura bien
entendu que « *les brevets d'armoiries délivrés par le
Garde général de l'armorial ne pourraient en aucun
cas être tirés à conséquence pour preuves de noblesse.* »

C'est donc une grossière erreur, cependant bien répandue en France, que d'in-
duire la qualité de noble de la possession
héréditaire et légitime, même très ancienne,
d'armoiries de famille.

Il en est de même de la particule : beaucoup de
familles qui la portent, même très légalement,
n'ont jamais été nobles ni anoblies, tandis qu'en
sens contraire beaucoup de noms d'une noblesse
incontestée n'ont pas la particule.

EXEMPLES D'ARMOIRIES DE CORPORATIONS
ENREGISTRÉES EN VERTU DE L'ÉDIT DE 1696
DANS LA GÉNÉRALITÉ DE PARIS

BOUCHERS

CHARCUTIERS

BOULANGERS

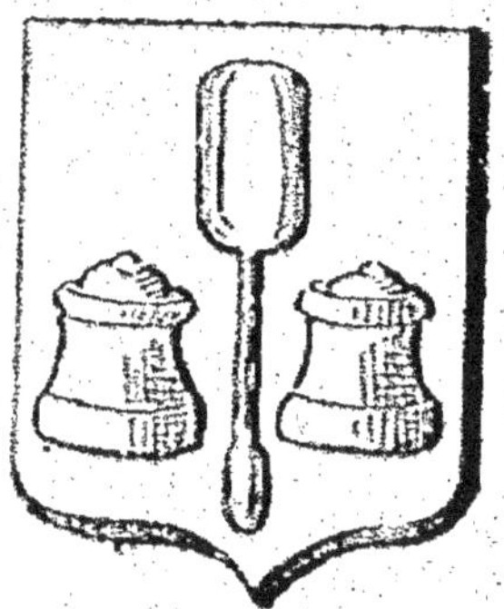

PATISSIERS

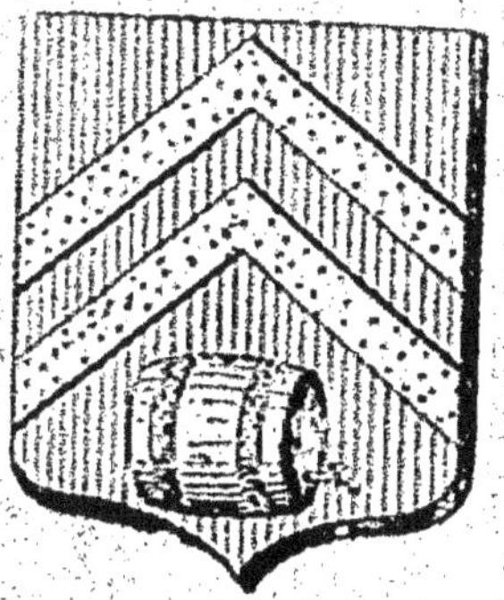

BRASSEURS

MAITRES D'ARMES

L'exécution matérielle du recensement prescrit par l'édit de 1696, rencontra des difficultés et des résistances qui amenèrent de nombreuses erreurs dans l'attribution des armoiries; bien des noms se trouvèrent estropiés; les membres d'une même famille figurèrent avec des armoiries différentes.

D'un autre côté, une infinité de grandes maisons, dont la notoriété se croyait au-dessus de tout contrôle, refusèrent de soumettre leur blason à la révision.

D'autres, peu soucieuses de l'impôt, échappèrent à l'enregistrement, et ce fut vainement qu'Adrien Vanier, fermier de ces taxes, multiplia contre les récalcitrants les arrêts du conseil et les poursuites; on dresserait facilement une longue liste de familles nobles ou de personnages très considérables qui ne figurent pas à l'*Armorial* (1).

Mais ces négligences ou ces résistances ne pouvaient entraver l'application pour tous de la loi fiscale, et, pour justifier la perception de la taxe que devaient payer les récalcitrants, on imposa des *Armoiries d'office* à tous ceux qui avaient négligé de faire leur déclaration, ou qui avaient « si mal figuré ou expliqué leurs blasons qu'il était impossible de les connaître suffisamment pour les recevoir et enregistrer à l'Armorial général ».

---

(1) Le Président d'Hozier publia en 1818 une « liste alphabétique des familles nobles de France qui ne se trouvent pas mentionnées à l'armorial de 1696 ». Elle comprend près de *trois mille* noms.

C'est Charles d'Hozier qui fut chargé « d'éclaircir, disposer et blasonner » ces armoiries d'office, à la requête des Procureurs généraux près les commissions royales, sur des états présentés par Adrien Vanier.

Abandonné à la fantaisie d'employés subalternes, le choix de ces armoiries donne lieu à d'assez curieuses observations: souvent il fut dicté par des consonnances ou des assimilations de noms qui donnèrent aux blasons choisis le caractère d'armes parlantes; d'autres fois, les meubles de l'écu rappellèrent la profession du contribuable.

Quoi qu'il en soit de leur caractère plus ou moins fantaisiste, ces armes d'office ont été considérées comme légalement attribuées à leurs titulaires, et on pourrait citer beaucoup de familles qui les ont adoptées très docilement et les portent encore aujourd'hui.

Il n'en est pas de même pour un grand nombre de familles qui, ayant négligé ou refusé de déclarer leur blasons héréditaires, se sont vu attribuer ainsi des armoiries qu'elles ne pouvaient que récuser, tout en payant la taxe de leur enregistrement; on trouve dans ce cas des Montmorency, des La Trémoille, des Larochefoucauld, des Choiseul, des Lastic, des Levis Mirepoix, et beaucoup d'autres dont les blasons séculaires étaient cependant de notoriété publique.

Malgré ses erreurs et ses imperfections, l'*Armorial général de France*, avec son caractère officiel, est resté jusqu'à ce jour le plus sûr et le plus vaste répertoire de ce genre que l'on puisse consulter.

On peut s'étonner qu'en raison de l'intérêt que peuvent avoir tant de familles françaises à consulter ce répertoire, jamais aucun éditeur n'ait songé à publier l'*Armorial général*, quand surtout on considère la si grande quantité de recueils d'armoiries, sans aucun caractère d'authenticité, dont tant d'auteurs plus ou moins consciencieux, ont inondé le public depuis le siècle dernier, et surtout dans ces dernières années.

Il est en effet assez curieux de constater, ce

qui devrait paraître anormal, qu'en notre temps de République la mode héraldique a pris des proportions plus prononcées encore qu'à l'époque de Saint-Simon.

Eh bien! il n'y a pas lieu de blâmer cette tendance que peuvent avoir les familles à attacher des armoiries au nom qu'elles portent!

Sont évidemment ridicules les vaniteux qui, rougissant d'une honorable origine bourgeoise, s'affublent de particules et de noms à prétentions nobiliaires quand ils n'y ont aucun droit.

Mais pour quelles raisons blâmerait-on ceux qui peuvent tenir à rattacher tous les membres d'une même famille par l'usage d'un blason commun, signe distinctif qui ne peut que resserrer les liens de parenté?

Cette faculté, qu'aucune loi, qu'aucun règlement ne saurait interdire, ne serait-elle d'ailleurs pas très justifiée pour les familles qui peuvent avoir des motifs fort respectables pour ne pas être confondues avec des familles homonymes?

Beaucoup de familles bourgeoises portent encore aujourd'hui leurs armoiries dont elles ont conservé les titres originaux, ou dont la présomption s'est établie par la possession de cachets, de bagues ou d'autres documents armoriés, provenant des grands-pères.

Mais, pour la grande majorité des personnes qui n'ont d'ailleurs aucune prétention à la noblesse, les traditions héréditaires se sont éteintes dans les tourmentes révolutionnaires, et elles ignorent complètement le blason des écus qui pourtant leur appartiennent très légitimement.

C'est pour ces familles que l'*Armorial général de France*, présente une précieuse source d'information, si elles désirent connaître les armoiries qu'ont dû faire enregistrer leurs ancêtres, ou qui leur ont été imposées d'office à la fin du dix-septième siècle.

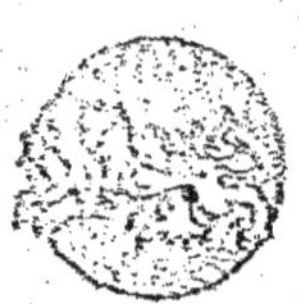

A ce sujet, il nous a paru intéressant de relever la statistique des noms les plus répandus, d'une origine essentiellement française, qui ont été enregistrés dans l'*Armorial général*, et qui se répartissent, le plus souvent avec des armes différentes, dans toutes les provinces ou généralités du Royaume.

Il résulte de l'examen des tables générales des manuscrits de d'Hozier que le nom le plus répandu en France, à la fin du seizième siècle, était celui de Martin, avec près de 400 inscriptions, réparties à peu près en nombre égal dans toutes les régions de la France.

Viennent ensuite les noms de Lefèvre, Bernard, Petit et Durand, dont le nombre des inscrits varie entre 300 et 200.

Puis, dans l'ordre décroissant du nombre des inscriptions, les Garnier, Guérin, Moreau, David, Simon, Aubert, Robert, Rousseau, Bonnet, Richard,

Lambert, Chevalier, Michel, Morel, Gauthier, Fournier, etc.

Que de gens qui portent ces noms modestes ne se doutent pas qu'ils ont des droits héréditaires à porter des armoiries !

Mais, quelle que soit la vulgarité de ces noms, presque tous ont été portés par des individualités plus ou moins marquantes, et on ne peut contester à ceux qui en descendent le légitime orgueil de revendiquer cette honorable filiation.

Quel moyen peuvent-ils invoquer pour l'attester, si ce n'est l'armoirie de famille que portaient leurs aïeux ou leurs grands oncles ?

En sens inverse, parmi ceux de nos contemporains qui, par leurs mérites, leurs travaux ou.... les circonstances, se sont élevés à une situation prédominante, en est-il un qui soit insouciant à la respectable fierté de laisser à sa postérité le souvenir de son passage dans les honneurs humains ?

« *Non confundar !* »
peuvent dire ceux-là, avec un légitime orgueil, comme le juste des saintes écritures.

Mais s'ils portent un nom que beaucoup d'autres de leurs contemporains portent avec eux, sans parenté connue, comment préserver leurs descendants de la banale confusion des homonymes, sans l'adoption d'un sceau personnel qui, à côté du nom, affirme sa haute illustration ?

Pour ceux-ci, le choix d'une armoirie personnelle s'impose donc, à moins qu'ils ne trouvent parmi leurs ancêtres un des contribuables de la loi héraldique fiscale de Louis XIV.

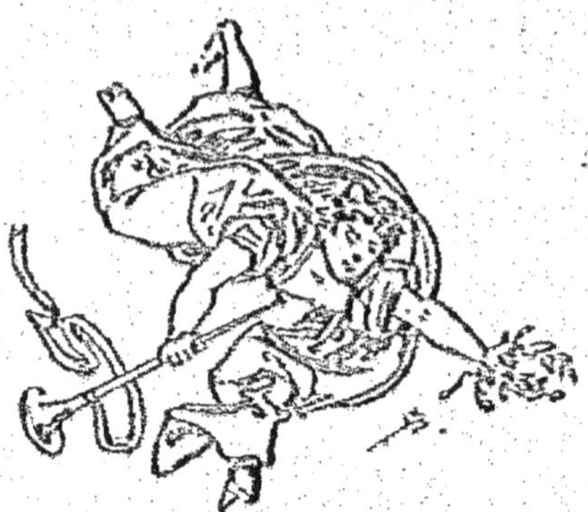

Afin d'appuyer d'arguments cette proposition, qu'il nous soit permis de prendre quelques exemples personnels. Il nous faut à cet effet des hommes *arrivés*, des individualités dont la notoriété honore incontestablement le nom qu'ils portent; les sénateurs, les députés, les membres des grands corps de l'Etat et des cinq sections de l'Institut, les généraux, les hauts fonctionnaires des administrations publiques ne peuvent s'offenser qu'on recherche et qu'on discute leur origine; leur haute situation autorise la critique à en faire des pages de l'histoire contemporaine.

Mais, à ce point de vue, aucun n'a plus de droit à être choisi de préférence que les ministres auxquels est dévolu le périlleux honneur de gérer les affaires de l'Etat.

Ils sont dix autour du président de la République, et portent tous des noms d'origine essentiellement française, ce qui ne s'est malheureusement pas toujours rencontré en France!

A tout seigneur, tout honneur:

Le président du conseil, l'honorable Ministre de la

guerre est le seul des membres du Conseil qui porte la particule.

Mais le nom de Freycinet provient probablement d'une terre seigneuriale, ou d'un lieu d'origine, et fut 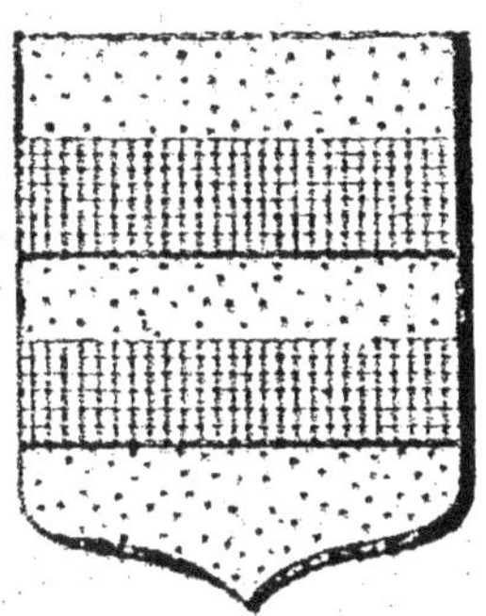 ajouté au nom patronymique de Saulce qui n'était porté par aucun des contribuables, nobles ou non nobles, de l'édit de 1696.

A défaut de ce document, enregistrons le blason qui décore le papier à lettres qu'emploie personnellement le ministre de la guerre, et les menus de ses dîners officiels : *d'or à deux fasces de sable.*

M. Constans, Ministre de l'intérieur, ne porte ni blason, ni nom de terre, mais il appartient à une ancienne famille noble ou anoblie qui a les plus honorables alliances en Provence et en Gascogne, et dont les armoiries se blasonnent : *d'or à la colonne de gueules supportant un coq au naturel, au chef d'azur, chargé de trois étoiles du champ* (1).

On trouve dans l'*Armorial* de 1696, plusieurs Constans, bourgeois de la ville d'Aix, qui portaient le même écu,

____

(1) Cette famille Constans avait été certainement anoblie ce qui appert du *chef d'azur à 3 étoiles d'or.* Les d'Hozier adoptèrent ce signe pour distinguer beaucoup de familles anoblies auxquelles, comme juges d'armes, ils eurent à attribuer des armoiries.

sauf que le champ est de gueules, et que le coq est remplacé par une *colombe d'argent.*

Nous aimerions à faire descendre notre Ministre des affaires étrangères d'un certain Eustache Ribot qui, en son temps, était seigneur de Montroty, et mathématicien ordinaire du Roy.

C'est donc par amour professionnel qu'il fit enregistrer en 1698 les armes suivantes, d'ailleurs assez compliquées : *d'azur à un compas d'or posé sur un quart de cercle de nonante degrés du même, accompagné en chef de deux étoiles aussi d'or, et en pointe d'une main apaumée d'argent soutenante ce quart de cercle.*

C'est en Provence, son pays d'origine, que nous devons trouver les ancêtres de notre Contrôleur Général des finances, M. Rouvier.

Deux Rouvier se sont fait inscrire dans la généralité d'Aix, mais tous deux avec des armoiries différentes : Joseph Rouvier, épicier et chandelier à Toulon, portait *d'argent à un arbre de sinople sur une terrasse de même, acosté en chef de deux étoiles d'azur, et en pointe d'un J et d'un R de sable.*

Jean Rouvier, marchand et fermier de la boucherie de la même ville de Toulon, déclara porter : *d'or à une ancre de sable, coupé de sable à une fasce d'argent.*

Enfin, Jean-Baptiste Rouvier, marchand et bourgeois du lieu de Carces, récalcitrant aux prescriptions de l'édit de 1696, reçut d'office pour armoiries: *d'argent à trois fasces de sinoples et une roue d'or brochant sur le tout.*

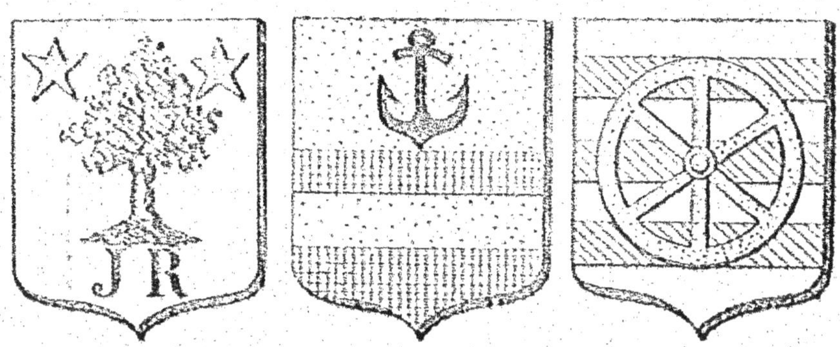

L'*Armorial général* ne nous signale qu'un seul Barbey, du nom de notre Ministre de la Marine; il avait pour prénom Philibert, était bourgeois de Chaslon-sur-Saône, et portait: *d'azur à une face d'or, accompagnée en chef de deux colombes d'argent, et en pointe d'un mouton du même.*

Ce mouton eût mieux fait sur le blason du Grand Agriculteur de France, M. Develle auquel précisément, par une bizarrerie héraldique, reviennent des ancres!

La famille Develle, à laquelle appartient le Ministre de l'Agriculture, très nombreuse et très honorablement connue en Lorraine, doit en effet être originaire de Bourgogne où l'un de ses membres était maire héréditaire de la ville de Saulieu. Or, les armes qu'il a fait enregistrer sont : *d'azur à deux ancres d'argent passées en sautoir et surmontées de trois étoiles de même rangées en chef.*

D'autres contribuables du même nom avaient pour blason : *d'argent à une fasce de gueules accompagnée de deux étoiles du même, une en chef et l'autre en pointe.*

Le prénom de notre ministre des travaux publics, M. Yves Guyot, indique une origine essentiellement bretonne : ne descend-il pas de la famille de Pierre Guyot, conseiller honoraire au présidial de Nantes, dont l'écu se blasonnait : *d'argent à un bouc passant de sable, et un chef d'azur chargé de trois étoiles d'or.*

Ou bien est-il arrière-petit-neveu de deux demoiselles de son nom, dont l'une, Catherine, épousa un capitaine de corvette de la chambre du Roy, et l'autre,

Marguerite, était femme de chambre de Mgr le duc de Berry. L'une et l'autre avaient les mêmes armoiries: *d'or à trois perroquets de sinople becqués et membrés de gueules, posés 2 et 1.*

Quant à leurs Excellences du Commerce et de l'Instruction publique, MM. Roche et Bourgeois, le recensement de 1696 à 1709 contient un trop grand nombre d'inscrits sous leurs noms pour que nous puissions leur assigner leurs blasons présomptifs, à défaut de renseignements sur l'origine de leurs familles : l'*Armorial* compte en effet *35 Bourgeois* et *54 Roche*, disséminés dans les diverses provinces, avec des armoiries différentes.

Un seul des ministres actuels de M. Carnot porte un nom dont on ne trouve aucune mention dans le recensement de Louis XIV : c'est M. Fallières, l'honorable grand chancelier de France. De tous les membres du cabinet, le garde des sceaux serait-il donc le seul qui n'en ait pas?

Nous ne pouvons terminer cette revue des armoiries certaines ou présomptives des Ministres

actuels de la République, sans signaler celles de
S. Exc. M. le Président, petit-fils du célèbre conventionnel Lazare Carnot.

Il descend d'une très honorable famille de haute
bourgeoisie bourguignonne dont plusieurs membres
ont rempli l'office de notaires à Nolay, et d'officiers
à la Chambre des comtes de Bourgogne et de Bresse.

L'un des arrières grands-oncles du Président de la
République fut général du génie; un autre, de l'ordre
de Cîteaux, docteur en Sorbonne.

Leur aïeul, Edme Carnot, conseiller du Roy, au-
diteur en la Chambre des Comptes du Parlement de
Dijon, avait fait enregistrer ses armoiries en 1698:
*d'azur à un chevron d'or accompagné de trois canettes
d'argent, posées 2 et 1.*

Les mêmes armoiries étaient enregistrées en même
temps sur la déclaration de Gaspard Carnot, notaire
à Nolay.

D'un autre côté, deux membres de la même famille,
« Nicolas Carnot, avocat au Parlement, et cy-devant
Procureur du Roy au grenier à sel de Paris », et
« Jean Carnot, Conseiller du Roy et Notaire au Chas-

telet, faisaient enregistrer: « *d'azur à trois bandes crénelées d'or* ».

Il faut donc attribuer à une double erreur des officiers de la maîtrise ou des agents du fisc l'enregistrement qu'ils firent quelques années plus tard (1700 et 1703), des armoiries qu'ils blasonnèrent, pour la veuve d'Edme Carnot: « *d'azur à cinq billettes d'or posées 1, 2 et 3* », et pour Jean Carnot, le notaire au Chastelet: « *de sable à une fasce crénelée de 3 pièces d'or, surmontée de trois étoiles du même, rangées en chef.* »

Le conventionnel Carnot reçut de Napoléon 1er le titre de comte. Il ne fit pas enregistrer d'armoiries à la chancellerie, mais il fit usage de son titre dans la circonstance mémorable de son adhésion à Louis XVIII, par un mémoire, publié en 1814, présenté au Roi par « le Comte Carnot, lieutenant-général des armées de Sa Majesté, chevalier de l'Ordre royal et militaire de Saint-Louis. »

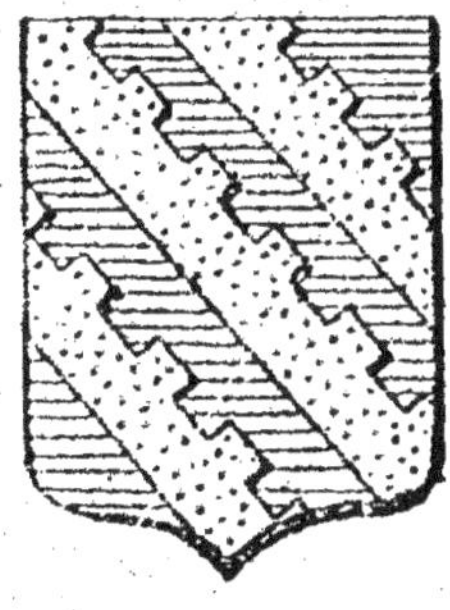

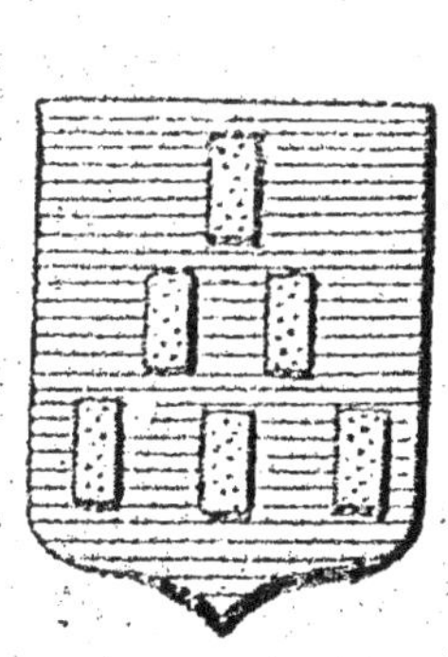

Si l'*Armorial général de France*, dressé par d'Hozier, en vertu de l'Edit de 1696, est le seul répertoire officiel dans lequel, à défaut de documents authentiques, les familles nobles ou bourgeoises puissent trouver la consécration de leurs armoiries, n'a-t-il pas besoin, comme toutes les institutions humaines, qui vieillissent avec les années, d'une révision, ou plutôt d'une nouvelle édition, qui étendrait le cercle de son utilité pour nos contemporains ?

Il contient, en effet, un grand nombre de noms de familles complètement éteintes aujourd'hui et dont les blasons ne présentent plus qu'un souvenir historique, qui n'intéresse plus directement personne.

D'un autre côté, depuis la fin du dix-septième siècle, un grand nombre de familles et de noms nouveaux ont surgi, avec des droits légaux ou logiques au port des armoiries : les anoblis de l'ancienne monarchie et de la Restauration, sous les rois Louis XV, Louis XVI, Louis XVIII et Charles X; les titrés de l'Empire, auxquels on ne peut contester leur origine rationnelle; enfin, tous les noms de ceux qui, depuis la Révolution, ont brillé dans nos fastes militaires, dans l'histoire des sciences, des lettres et des arts, et qui ont apporté leur pierre à l'édification du glorieux monument de la prospérité nationale.

Quel Armorial serait plus intéressant que celui qui comprendrait, à côté des noms de la vieille chevalerie, ceux de toutes les illustrations françaises?

C'est de leur confusion que doit s'entendre le véritable caractère social de l'aristocratie contemporaine.

Un répertoire national de cette nature ne peut avoir de réelle valeur qu'à la condition d'être absolument *complet*, et pour atteindre ce but, il faudrait, comme sous Louis XIV, l'intervention du Gouvernement, avec les moyens coercitifs dont il peut disposer par une loi fiscale.

Mais il n'y a pas lieu de supposer que, sous le régime actuel, nos législateurs suivent l'exemple des ministres du Grand Roi, pour tirer des ressources budgétaires d'une mesure qui donnerait à l'inscription des scéaux ou armoiries, ainsi que le dit le préambule de l'Édit de 1696, « *authenticité, publicité et date certaine.* »

Ce n'est donc que d'une initiative privée qu'on pourrait attendre une *rénovation* de l'Armorial Général de France.

OLIVIER DE SORRA

Peintre Céramiste

DU CONSEIL HÉRALDIQUE DE FRANCE

17, boulevard de la Madeleine, Paris

FAIENCES HÉRALDIQUES

Grands feux — Emaux inaltérables

OR & ARGENT VITRIFIÉS

GRANDS PLATS DÉCORATIFS

Vases, Cruches, Pichets

PLAQUES GÉNÉALOGIQUES

Pièces commémoratives de Naissances et de Mariages

Décorations héraldiques de Services de Tables

Reproductions sur Faïence et sur Parchemin des

Brevets délivrés par d'Hozier

En exécution de l'Edit de 1696

Sur parchemin : **25** francs — Sur faïence : **50** francs

PRINCIPALES ŒUVRES

d'Olivier de Sorra

1885. — Grand plat et service des **Chevaliers de la Table Ronde**, d'après une fresque du château de Pierrefonds.

1886. — Triptique héraldique offert à S. A. R. la princesse **Amélie d'Orléans**, à l'occasion de son mariage avec le **Duc de Bragance.**

1887. — Grande coupe bas-relief émaillée offerte à S. S. le **Pape Léon XIII** à l'occasion de son Jubilé par les Dignitaires et Chevaliers des ordres pontificaux.

1888. — Plaque héraldique des huit quartiers de S. M. le **Roi Alphonse XIII d'Espagne**, hommage par souscription à S. M. la Reine Régente.

1889. — *Plat commémoratif de l'Exposition Universelle*, relief et grand feu, déposé au Musée Carnavalet par décision du Conseil municipal de Paris.

1890. — Plaques héraldiques des huit quartiers de S. M. la **Reine Guilhelmine des Pays-Bas** et de S. A. I. le prince **Victor Napoléon.**

TRAVAUX EN COURS D'EXÉCUTION

Tableau généalogique de la **Maison Impériale de Russie (1818-1891)**, carrelage faïence grand feu (2m50 sur 1m80).

Plaque des seize quartiers de S. A. R. l'**Archiduc Guillaume-François d'Autriche.**

Tableau généalogique de la **Maison Royale d'Angleterre**, enfants et petits-enfants de S. M. la Reine Victoria.

LE CONSEIL HÉRALDIQUE
DE FRANCE

vient de publier son IV° anniversaire qui témoigne du succès mérité des persévérants efforts de l'éminent fondateur de cette institution, le vicomte Oscar de Poli.

Réunis quelques-uns seulement autour de lui en 1887, pour collaborer à l'œuvre si logique et si utile dont il avait conçu le plan, nous sommes aujourd'hui près de cinq cents membres, parmi lesquels toutes les autorités de la science héraldique, les savants et les chercheurs les plus érudits.

L'Annuaire, qui paraît tous les ans, contient, avec des études du plus haut intérêt sur toutes les questions historiques et héraldiques, la liste des membres du C. H. et l'analyse de toutes leurs publications et de leurs travaux.

Prix 5 francs, 21, avenue Carnot.

✢✢✢✢✢✢✢✢✢✢✢✢✢✢✢✢✢✢✢✢✢✢✢✢✢✢✢✢✢✢✢✢✢

L'Histoire du Régiment de la Couronne

que vient de publier le vicomte O. de Poli, est rempli de renseignements inédits sur l'organisation des régiments d'autrefois, leur esprit, leurs us, leur administration.

Dans une magistrale *Introduction* de 60 pages, l'auteur, avec son érudition et son talent bien connus, met en lumière la valeur et le loyalisme de l'ancienne armée, dont il expose avec un puissant intérêt les côtés intimes, peu ou mal connus.

Beau volume in-8° illustré de nombreuses illustrations, 10 francs, 21, avenue Carnot.

Fac-similé des certificats de d'Hozier
reproduits sur plaques de faïence par O. de Sorra

(36 cent. sur 27 cent.)

PARIS
IMPRIMERIE N.-M. DUVAL
17, rue de l'Échiquier

108

www.ingramcontent.com/pod-product-compliance
Lightning Source LLC
Chambersburg PA
CBHW061241030726
47595CB00004B/1638